T-Shirt Design Ideas

"Never forget another great t-shirt idea again"

We want to print the best possible t-shirt for your brand. For this reason, we have developed a system that allows you to create your t-shirt design in your preferred design software. This allows you to use all the fine-tuning controls you have come to expect when creating a design.

Create your design according to the specifications listed on the t-shirt image to the right. Image specifications: 15"W x 18"H @ 300ppi (i.e. 4500 x 5400 pixels), sRGB, less than 25MB.

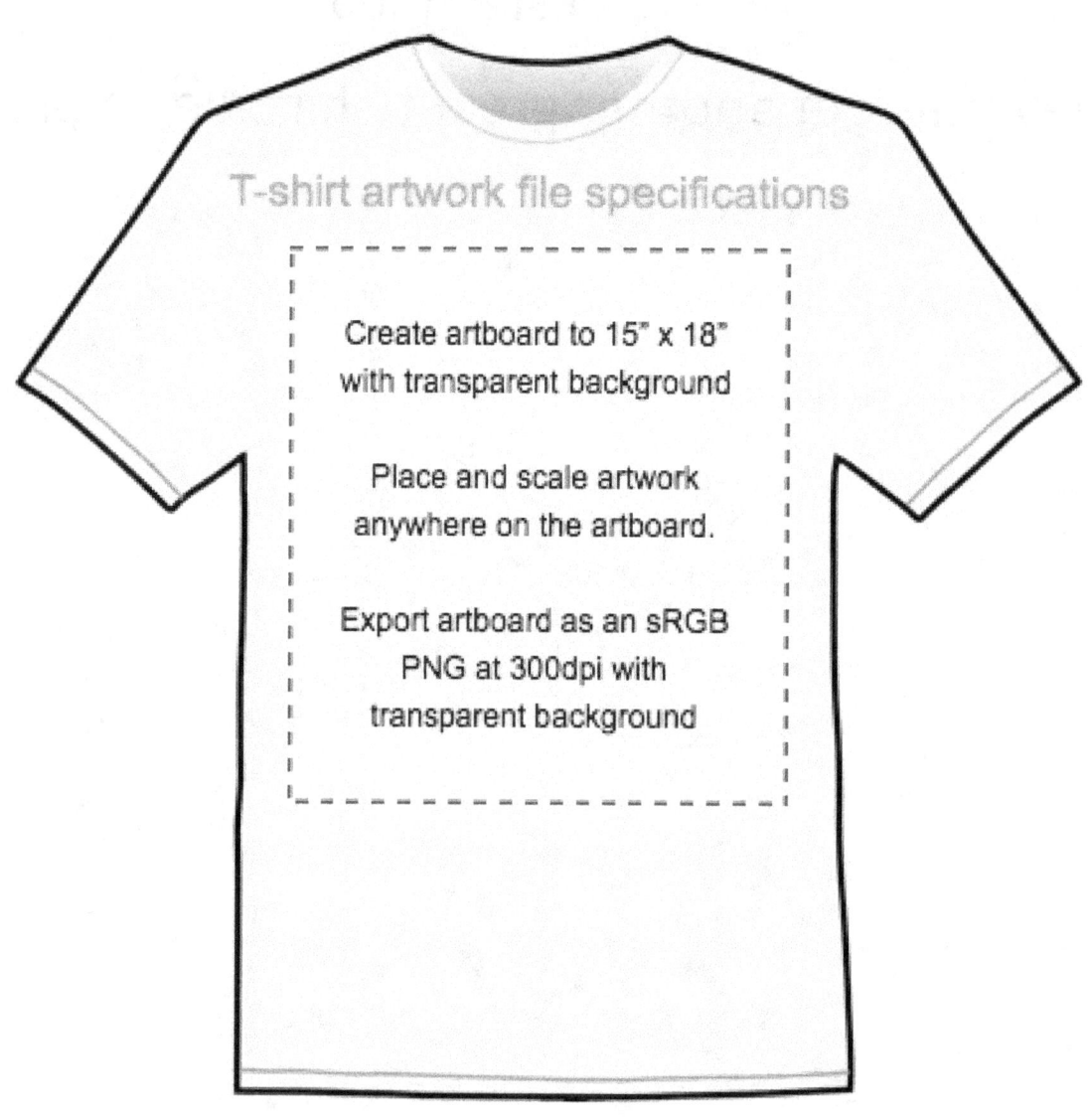

T-shirt artwork file specifications

Create artboard to 15" x 18"
with transparent background

Place and scale artwork
anywhere on the artboard.

Export artboard as an sRGB
PNG at 300dpi with
transparent background

T-Shirt Idea: _____   Date: _____

Notes / Keywords:

_____

_____

_____

_____

T-Shirt Idea: _____   Date: _____

Notes / Keywords:

_____

_____

_____

_____

T-Shirt Idea: _____   Date: _____

Notes / Keywords:

_____

_____

_____

_____

T-Shirt Idea: _____   Date: _____

Notes / Keywords:

_____

_____

_____

_____

T-Shirt Idea: _____   Date: _____

Notes / Keywords:

_____

_____

_____

_____

T-Shirt Idea: _____   Date: _____

Notes / Keywords:

_____

_____

_____

_____

T-Shirt Idea: _____   Date: _____

Notes / Keywords:

_____

_____

_____

_____

T-Shirt Idea: _____   Date: _____

Notes / Keywords:

_____

_____

_____

_____

T-Shirt Idea: _____   Date: _____

Notes / Keywords:

_____

_____

_____

_____

T-Shirt Idea: _____   Date: _____

Notes / Keywords:

_____

_____

_____

_____

T-Shirt Idea: _____   Date: _____

Notes / Keywords:

_____

_____

_____

_____

T-Shirt Idea: _____   Date: _____

Notes / Keywords:

_____

_____

_____

_____

T-Shirt Idea: _____   Date: _____

Notes / Keywords:

_____

_____

_____

_____

T-Shirt Idea: _____   Date: _____

Notes / Keywords:

_____

_____

_____

_____

T-Shirt Idea: _____   Date: _____

Notes / Keywords:

_____

_____

_____

_____

T-Shirt Idea: _____   Date: _____

Notes / Keywords:

_____

_____

_____

_____

T-Shirt Idea: _____   Date: _____

Notes / Keywords:

_____

_____

_____

_____

T-Shirt Idea: _____   Date: _____

Notes / Keywords:

_____

_____

_____

_____

T-Shirt Idea: _____   Date: _____

Notes / Keywords:

_____

_____

_____

_____

T-Shirt Idea: _____   Date: _____

Notes / Keywords:

_____

_____

_____

_____

T-Shirt Idea: _____   Date: _____

Notes / Keywords:

_____

_____

_____

_____

T-Shirt Idea: _____   Date: _____

Notes / Keywords:

_____

_____

_____

_____

T-Shirt Idea: _____   Date: _____

Notes / Keywords:

_____

_____

_____

_____

T-Shirt Idea: _____   Date: _____

Notes / Keywords:

_____

_____

_____

_____

T-Shirt Idea: _____   Date: _____

Notes / Keywords:

_____

_____

_____

_____

T-Shirt Idea: _____   Date: _____

Notes / Keywords:

_____

_____

_____

_____

T-Shirt Idea: _____ Date: _____

Notes / Keywords:

_____

_____

_____

_____

T-Shirt Idea: _____   Date: _____

Notes / Keywords:

_____

_____

_____

_____

T-Shirt Idea: _____   Date: _____

Notes / Keywords:

_____

_____

_____

_____

T-Shirt Idea: _____   Date: _____

Notes / Keywords:

_____

_____

_____

_____

T-Shirt Idea: _____   Date: _____

Notes / Keywords:

_____

_____

_____

_____

T-Shirt Idea: _____   Date: _____

Notes / Keywords:

_____

_____

_____

_____

T-Shirt Idea: _____   Date: _____

Notes / Keywords:

_____

_____

_____

_____

T-Shirt Idea: _____   Date: _____

Notes / Keywords:

_____

_____

_____

_____

T-Shirt Idea: _____   Date: _____

Notes / Keywords:

_____

_____

_____

_____

T-Shirt Idea: _____   Date: _____

Notes / Keywords:

_____

_____

_____

_____

T-Shirt Idea: _____   Date: _____

Notes / Keywords:

_____

_____

_____

_____

T-Shirt Idea: _____   Date: _____

Notes / Keywords:

_____

_____

_____

_____

T-Shirt Idea: _____   Date: _____

Notes / Keywords:

_____

_____

_____

_____

T-Shirt Idea: _____   Date: _____

Notes / Keywords:

_____

_____

_____

_____

T-Shirt Idea: _____   Date: _____

Notes / Keywords:

_____

_____

_____

_____

T-Shirt Idea: _____   Date: _____

Notes / Keywords:

_____

_____

_____

_____

T-Shirt Idea: _____   Date: _____

Notes / Keywords:

_____

_____

_____

_____

T-Shirt Idea: _____   Date: _____

Notes / Keywords:

_____

_____

_____

_____

T-Shirt Idea: _____   Date: _____

Notes / Keywords:

_____

_____

_____

_____

T-Shirt Idea: _____   Date: _____

Notes / Keywords:

_____

_____

_____

_____

T-Shirt Idea: _____   Date: _____

Notes / Keywords:

_____

_____

_____

_____

T-Shirt Idea: _____   Date: _____

Notes / Keywords:

_____

_____

_____

_____

T-Shirt Idea: _____   Date: _____

Notes / Keywords:

_____

_____

_____

_____

T-Shirt Idea: _____   Date: _____

Notes / Keywords:

_____

_____

_____

_____

T-Shirt Idea: _____   Date: _____

Notes / Keywords:

_____

_____

_____

_____

T-Shirt Idea: _____   Date: _____

Notes / Keywords:

_____

_____

_____

_____

T-Shirt Idea: _____   Date: _____

Notes / Keywords:

_____

_____

_____

_____

T-Shirt Idea: _____   Date: _____

Notes / Keywords:

_____

_____

_____

_____

T-Shirt Idea: _____   Date: _____

Notes / Keywords:

_____

_____

_____

_____

T-Shirt Idea: _____   Date: _____

Notes / Keywords:

_____

_____

_____

_____

T-Shirt Idea: _____   Date: _____

Notes / Keywords:

_____

_____

_____

_____

T-Shirt Idea: _____   Date: _____

Notes / Keywords:

_____

_____

_____

_____

T-Shirt Idea: _____   Date: _____

Notes / Keywords:

_____

_____

_____

_____

T-Shirt Idea: _____   Date: _____

Notes / Keywords:

_____

_____

_____

_____

T-Shirt Idea: _____   Date: _____

Notes / Keywords:

_____

_____

_____

_____

T-Shirt Idea: _____   Date: _____

Notes / Keywords:

_____

_____

_____

_____

T-Shirt Idea: _____   Date: _____

Notes / Keywords:

_____

_____

_____

_____

T-Shirt Idea: _____ Date: _____

Notes / Keywords:

_____

_____

_____

_____

T-Shirt Idea: _____   Date: _____

Notes / Keywords:

_____

_____

_____

_____

T-Shirt Idea: _____   Date: _____

Notes / Keywords:

_____

_____

_____

_____

T-Shirt Idea: _____   Date: _____

Notes / Keywords:

_____

_____

_____

_____

T-Shirt Idea: _____   Date: _____

Notes / Keywords:

_____

_____

_____

_____

T-Shirt Idea: _____   Date: _____

Notes / Keywords:

_____

_____

_____

_____

T-Shirt Idea: _____   Date: _____

Notes / Keywords:

_____

_____

_____

_____

T-Shirt Idea: _____   Date: _____

Notes / Keywords:

_____

_____

_____

_____

T-Shirt Idea: _____   Date: _____

Notes / Keywords:

_____

_____

_____

_____

T-Shirt Idea: _____   Date: _____

Notes / Keywords:

_____

_____

_____

_____

T-Shirt Idea: _____   Date: _____

Notes / Keywords:

_____

_____

_____

_____

T-Shirt Idea: _____ Date: _____

Notes / Keywords:

_____

_____

_____

_____

T-Shirt Idea: _____   Date: _____

Notes / Keywords:

_____

_____

_____

_____

T-Shirt Idea: _____   Date: _____

Notes / Keywords:

_____

_____

_____

_____

T-Shirt Idea: _____   Date: _____

Notes / Keywords:

_____

_____

_____

_____

T-Shirt Idea: _____   Date: _____

Notes / Keywords:

_____

_____

_____

_____

T-Shirt Idea: _____   Date: _____

Notes / Keywords:

_____

_____

_____

_____

T-Shirt Idea: _____   Date: _____

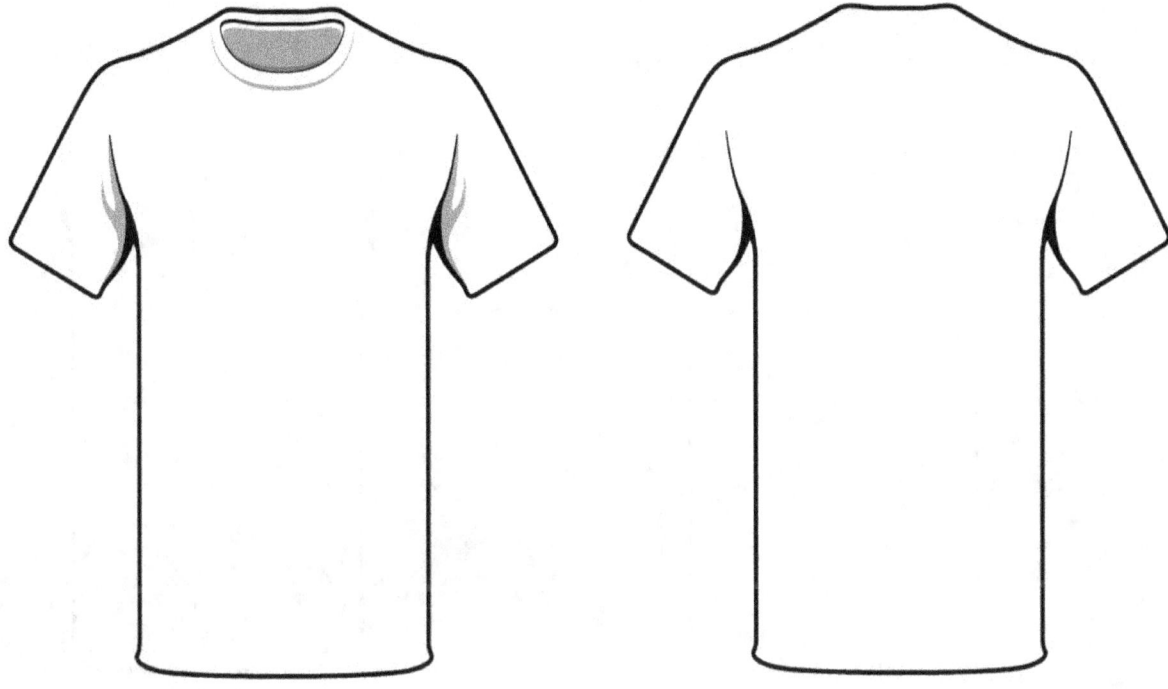

Notes / Keywords:

_____

_____

_____

_____

T-Shirt Idea: _____   Date: _____

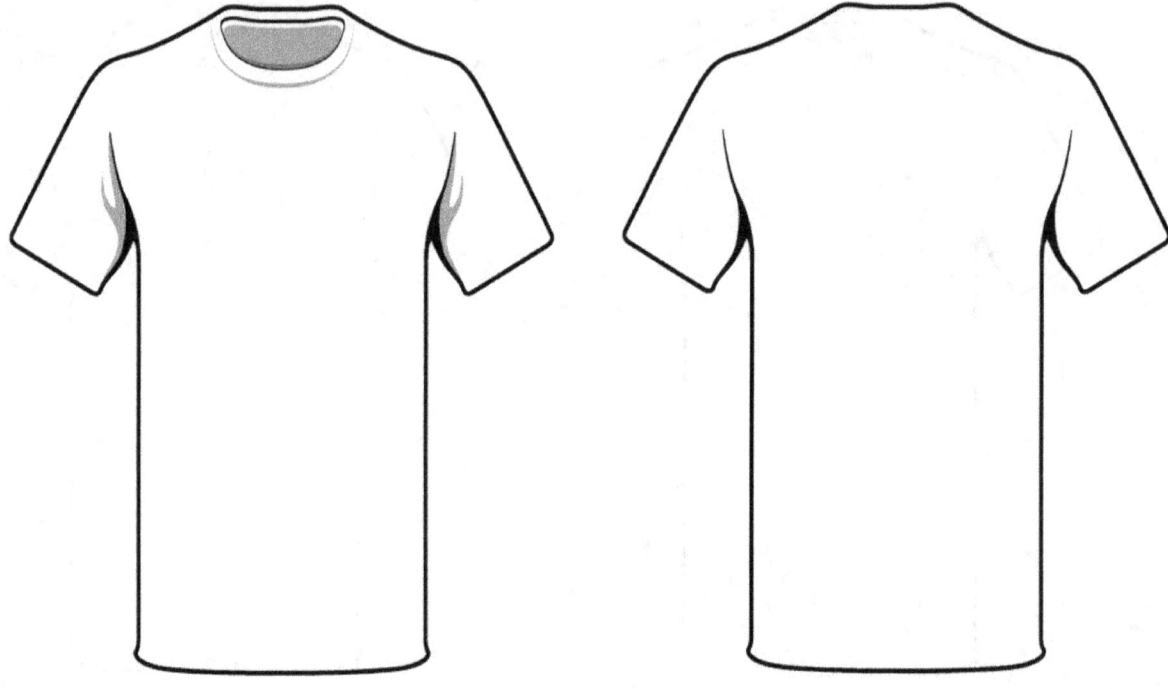

Notes / Keywords:

_____

_____

_____

_____

T-Shirt Idea: _____   Date: _____

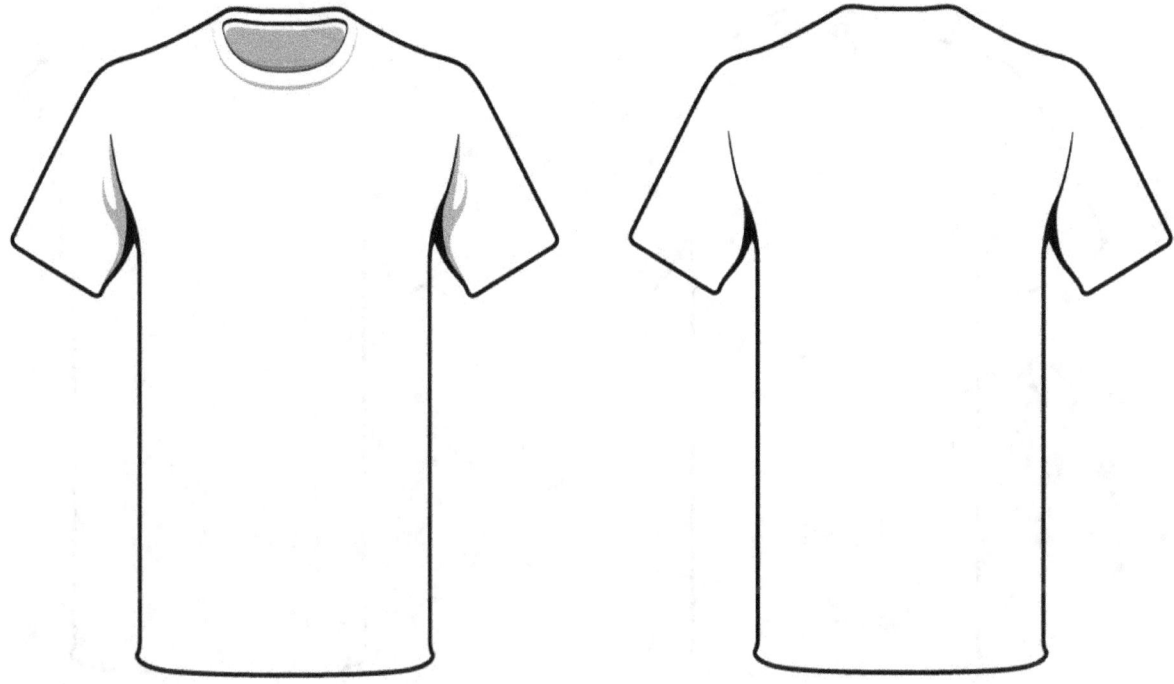

Notes / Keywords:

_____

_____

_____

_____

T-Shirt Idea: _____   Date: _____

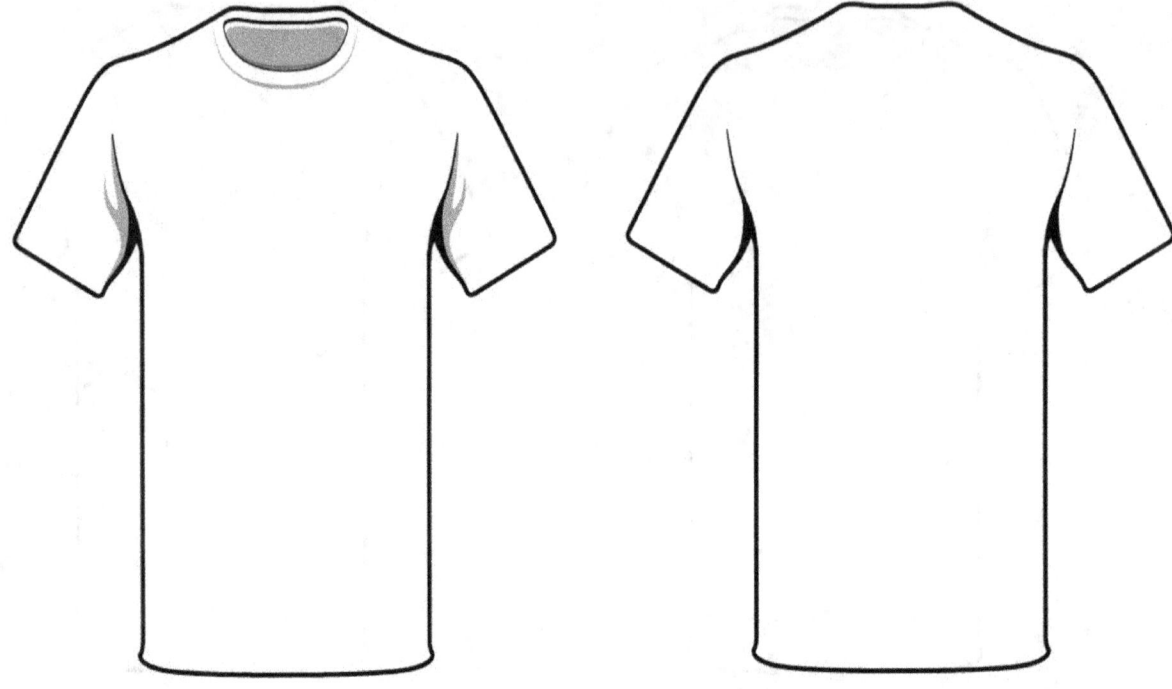

Notes / Keywords:

_____

_____

_____

_____

T-Shirt Idea: _____   Date: _____

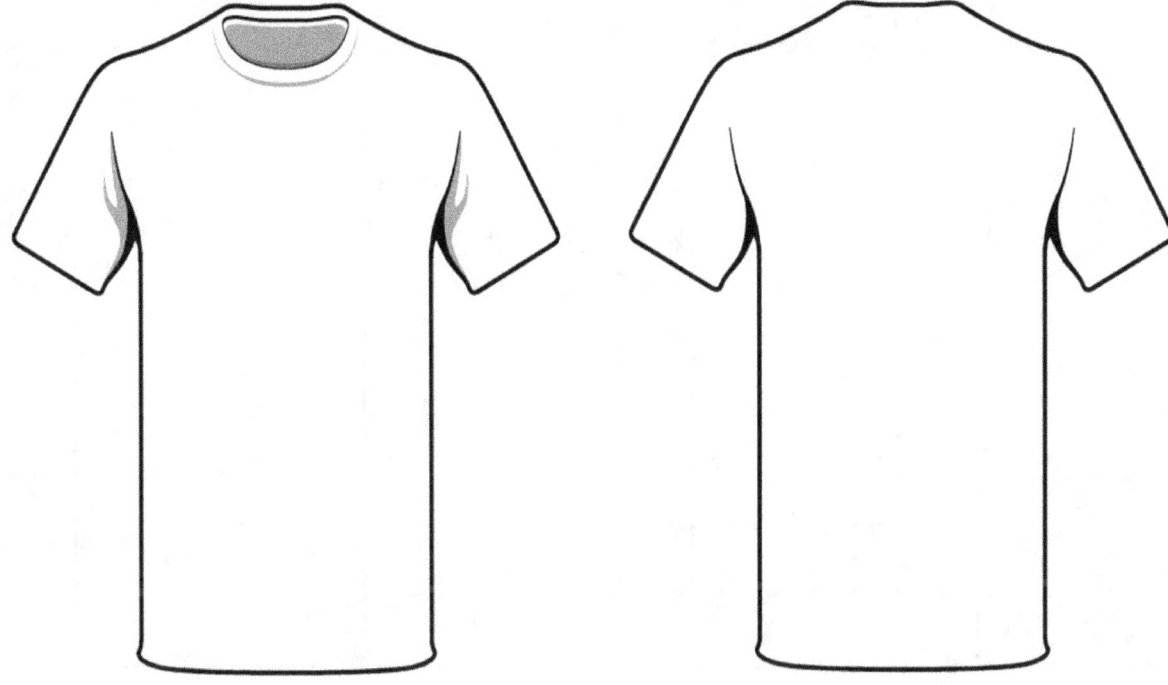

Notes / Keywords:

_____

_____

_____

_____

T-Shirt Idea: _____ Date: _____

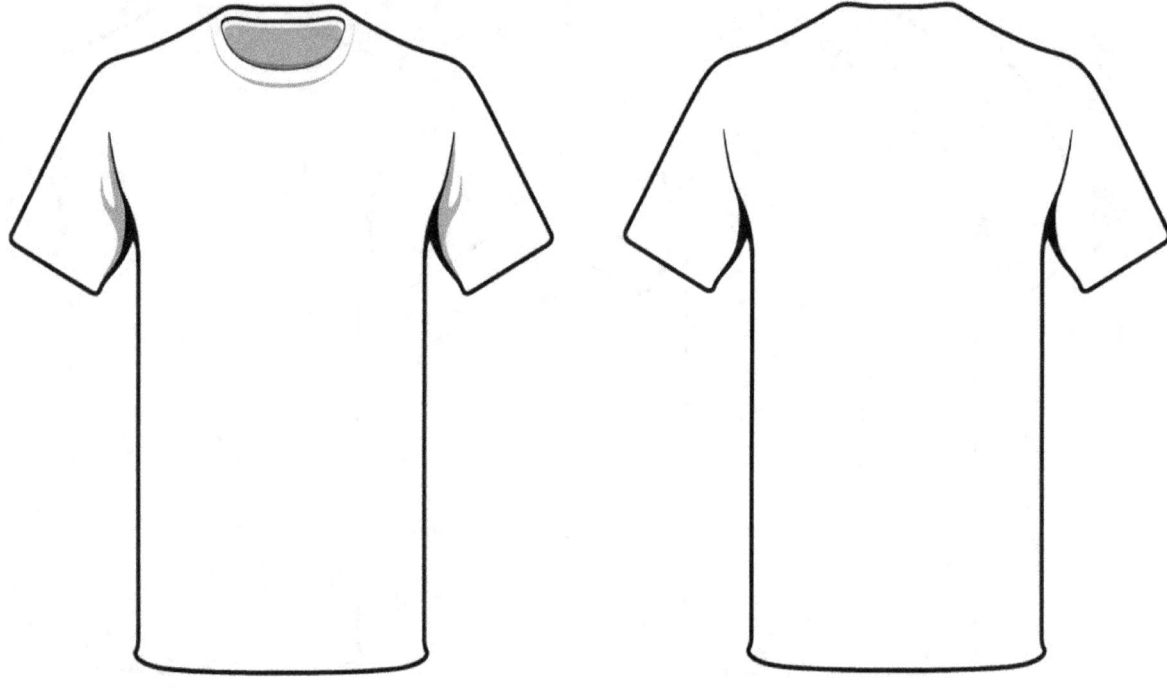

Notes / Keywords:

_____

_____

_____

_____

T-Shirt Idea: _____   Date: _____

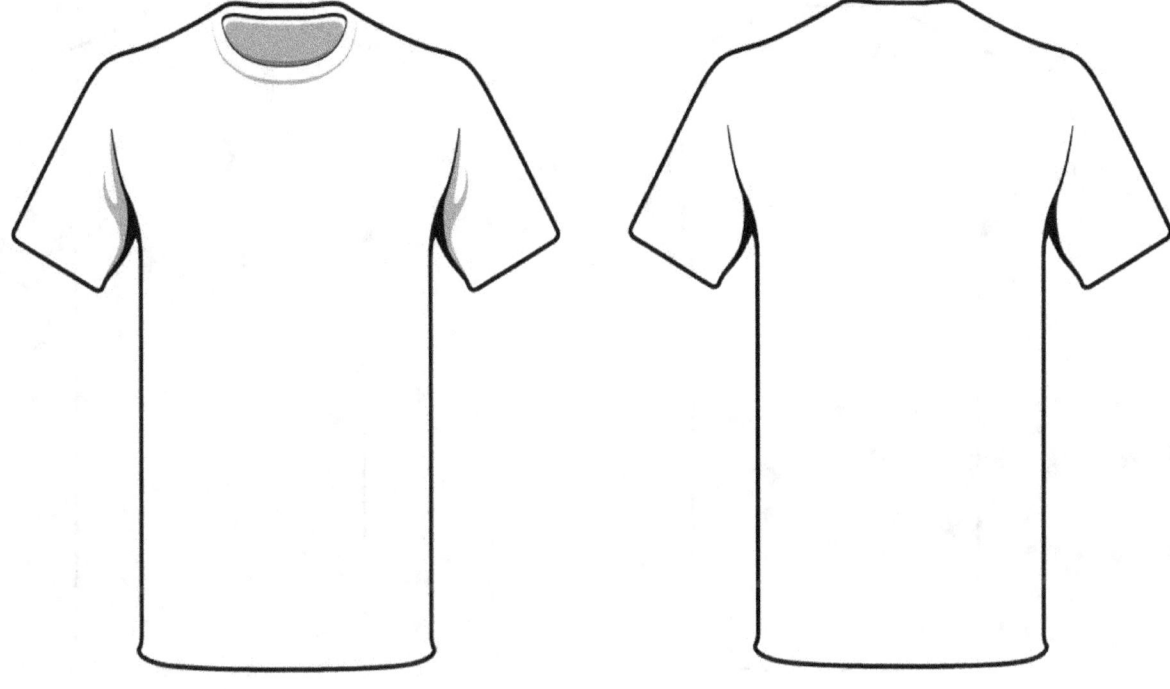

Notes / Keywords:

_____

_____

_____

_____

T-Shirt Idea: _____   Date: _____

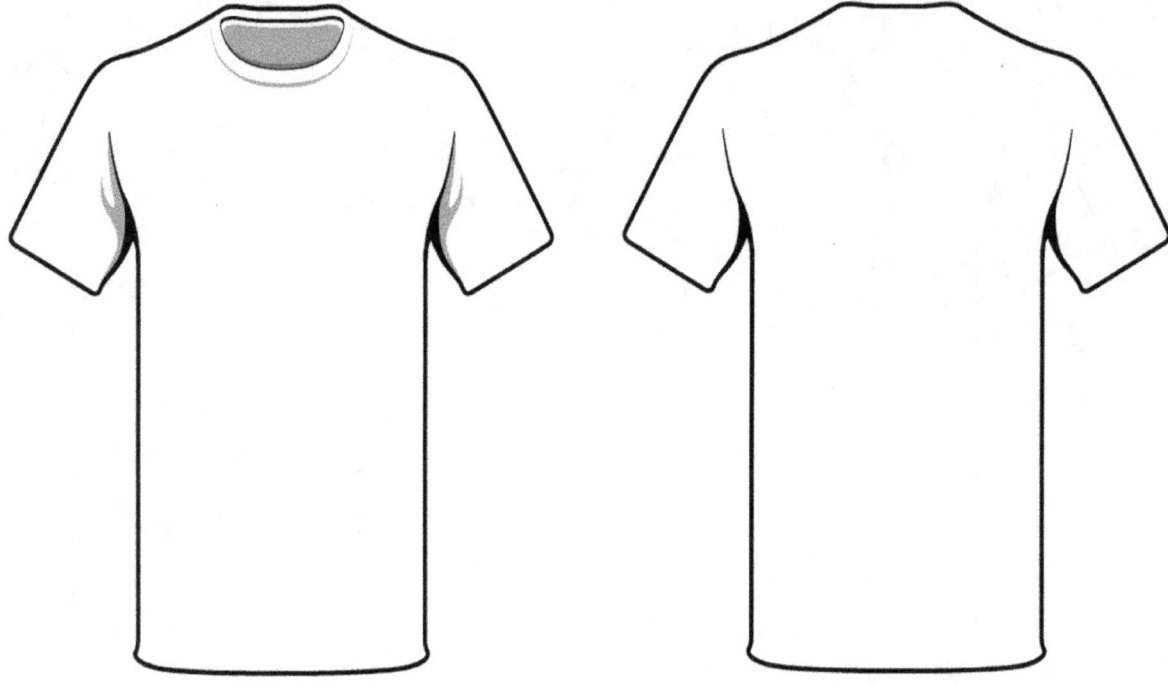

Notes / Keywords:

_____

_____

_____

_____

T-Shirt Idea: _____   Date: _____

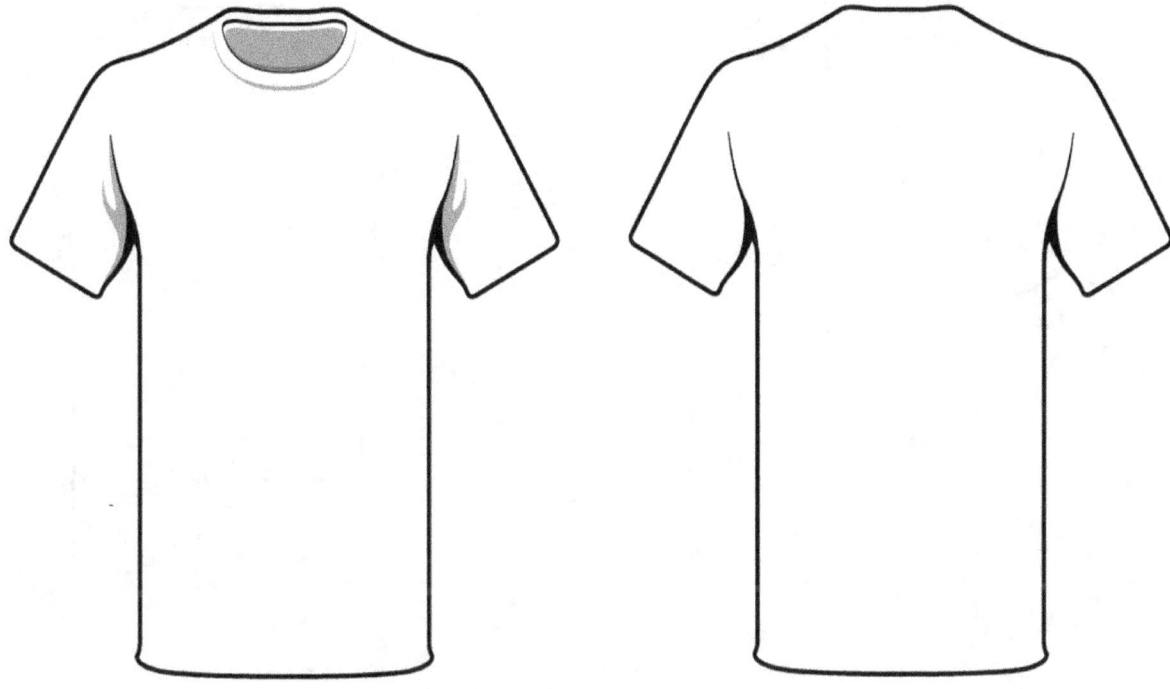

Notes / Keywords:

_____

_____

_____

_____

T-Shirt Idea: _____   Date: _____

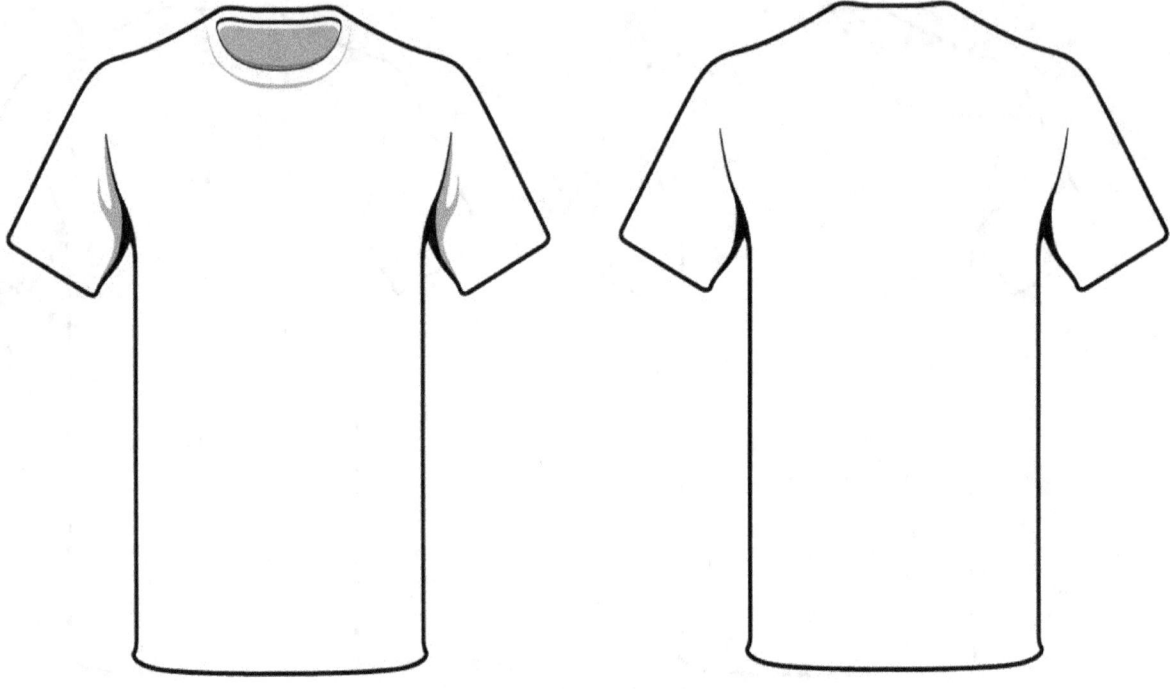

Notes / Keywords:

_____

_____

_____

_____

T-Shirt Idea: _____   Date: _____

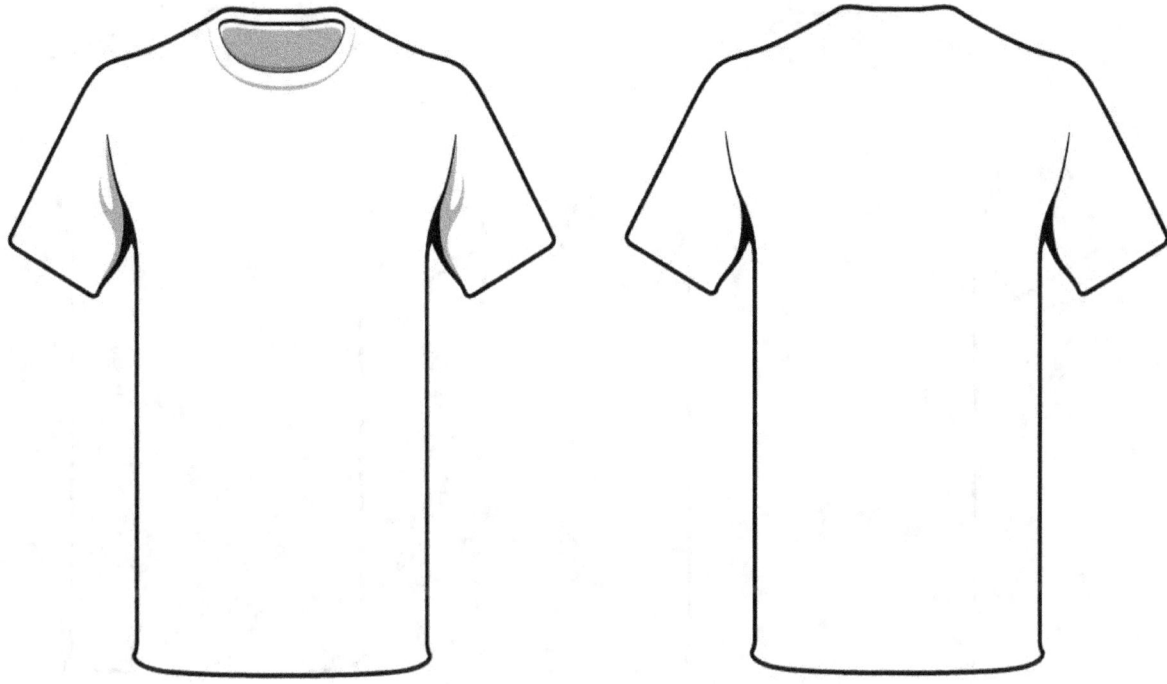

Notes / Keywords:

_____

_____

_____

_____

T-Shirt Idea: _____   Date: _____

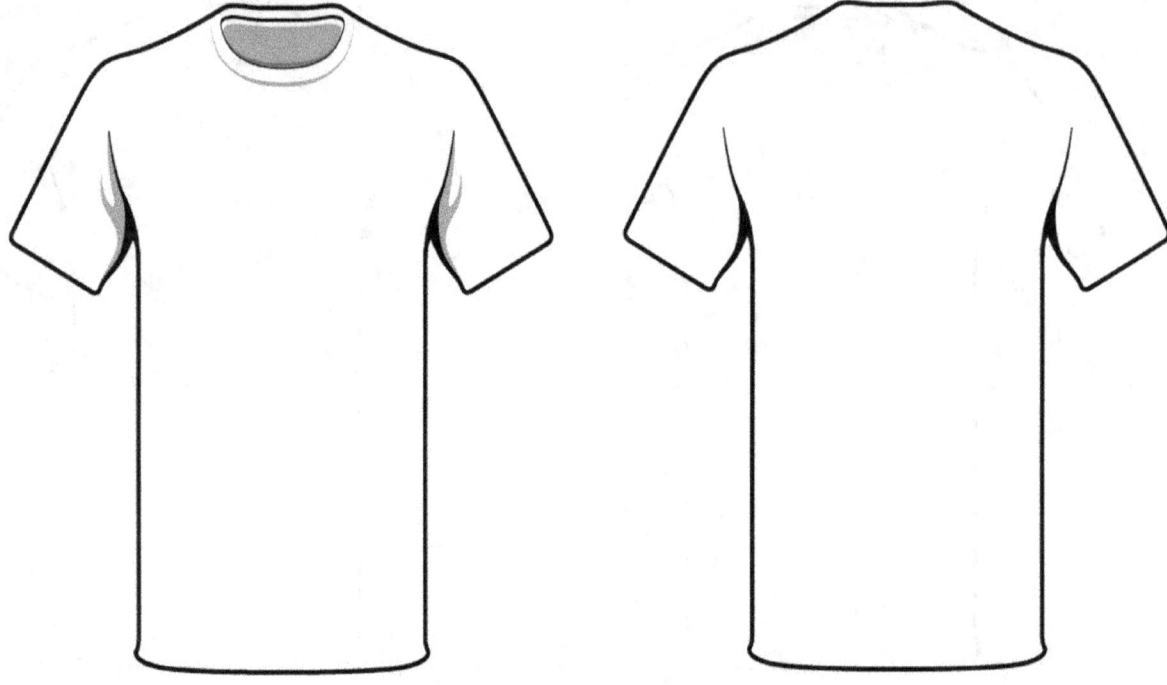

Notes / Keywords:

_____

_____

_____

_____

T-Shirt Idea: _____   Date: _____

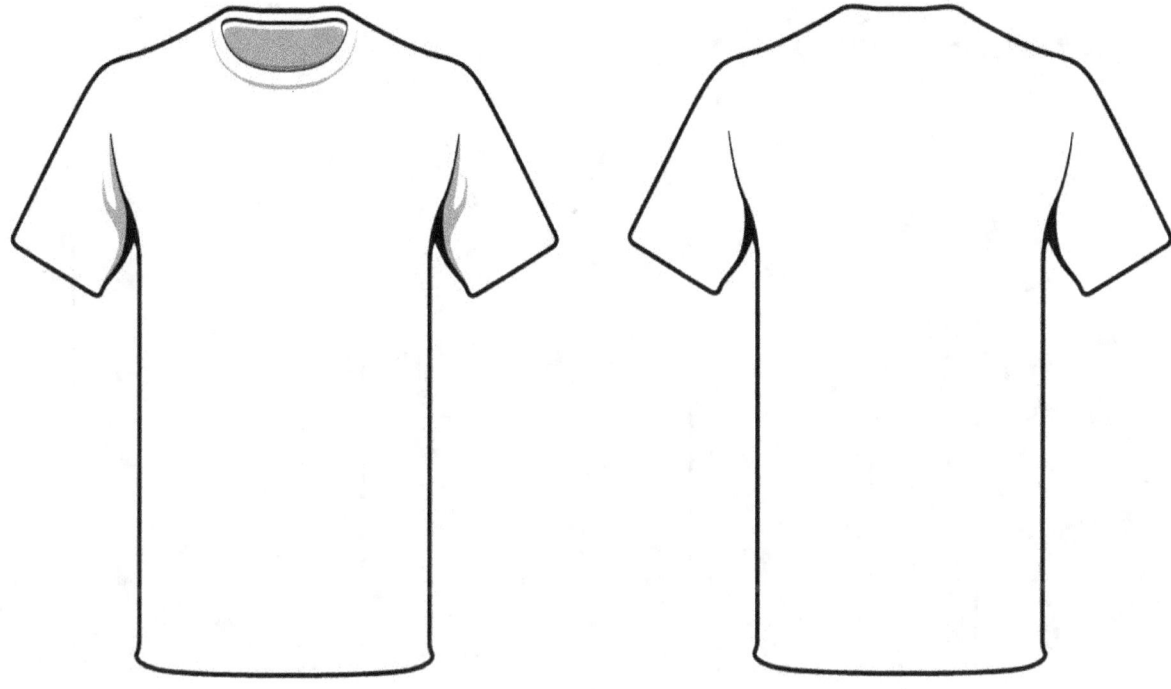

Notes / Keywords:

_____

_____

_____

_____

T-Shirt Idea: _____   Date: _____

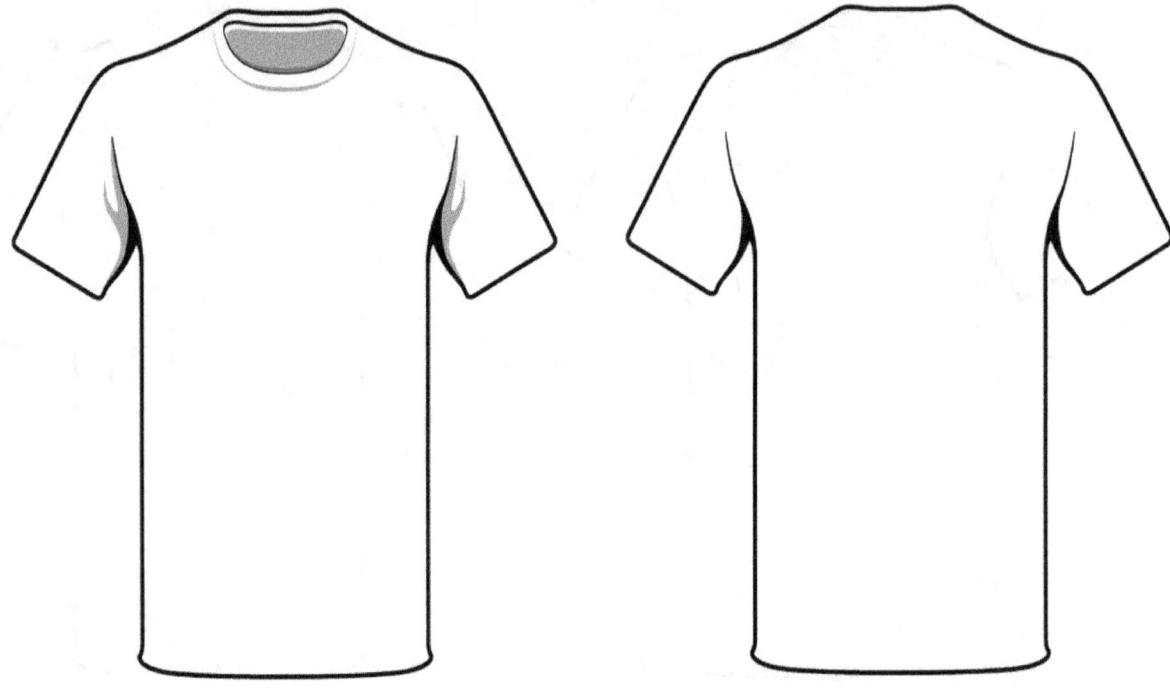

Notes / Keywords:

_____

_____

_____

_____

T-Shirt Idea: _____   Date: _____

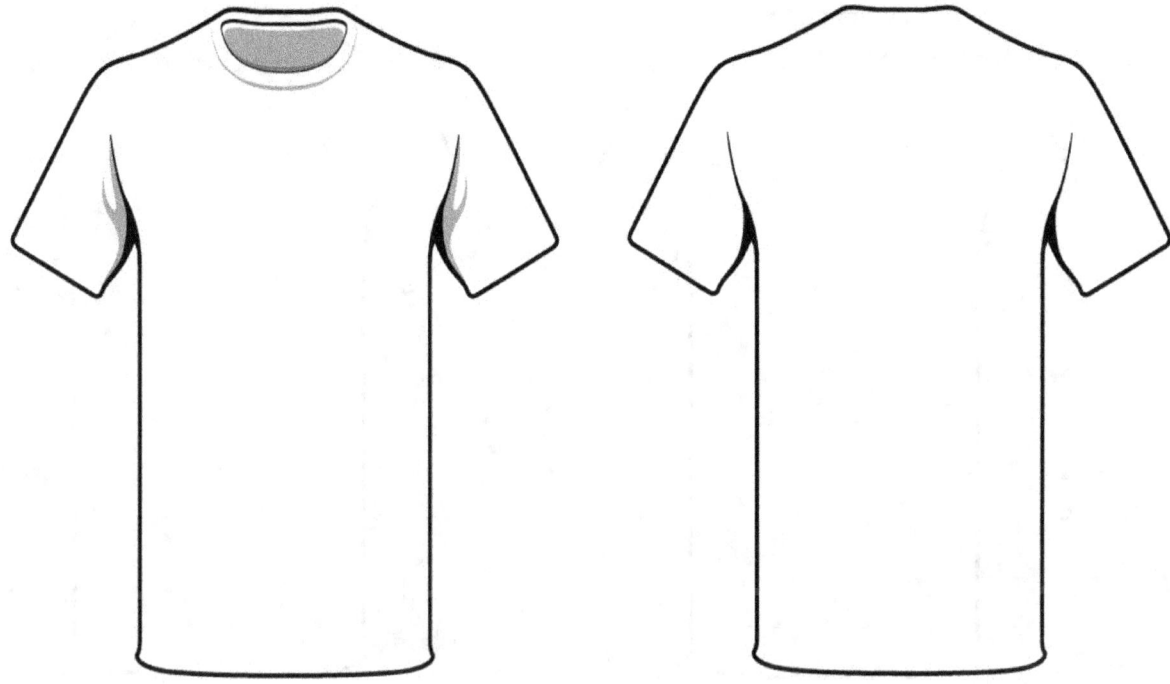

Notes / Keywords:

_____

_____

_____

_____

T-Shirt Idea: _____   Date: _____

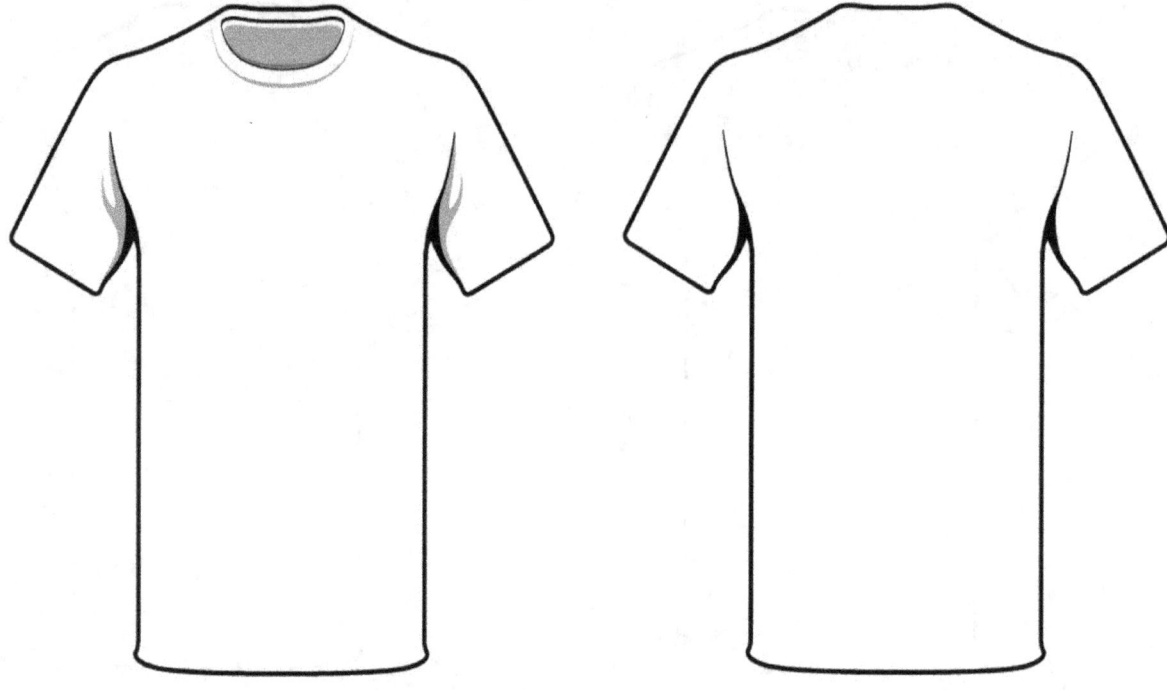

Notes / Keywords:

_____

_____

_____

_____

T-Shirt Idea: _____   Date: _____

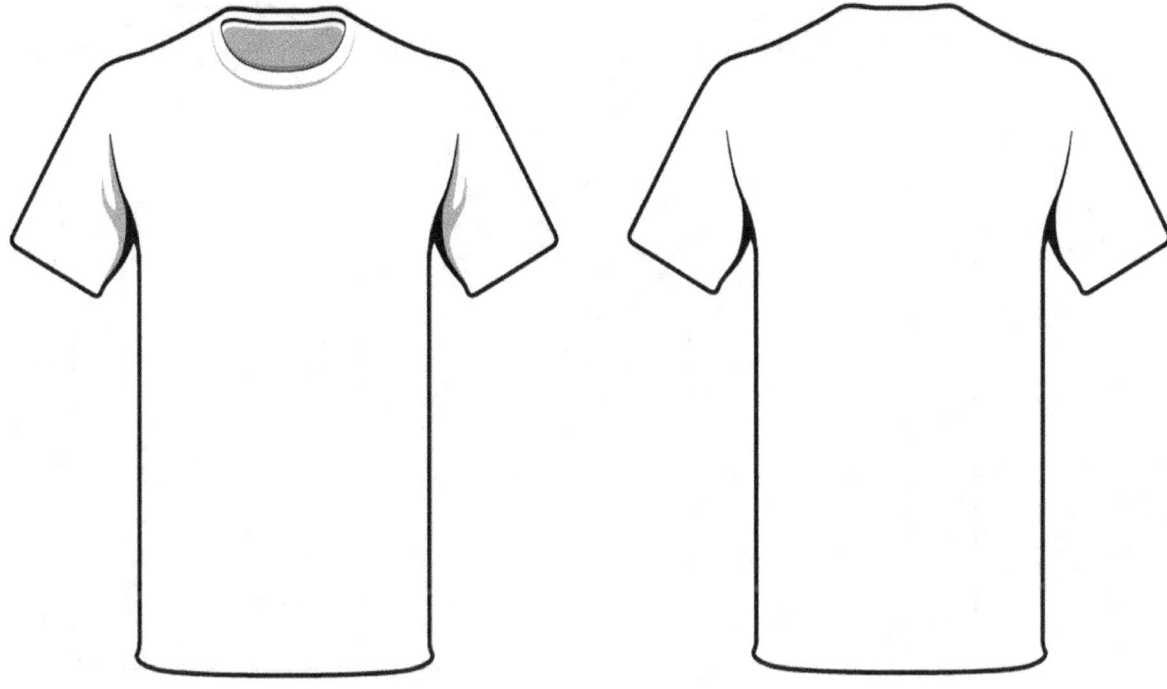

Notes / Keywords:

_____

_____

_____

_____

T-Shirt Idea: _____   Date: _____

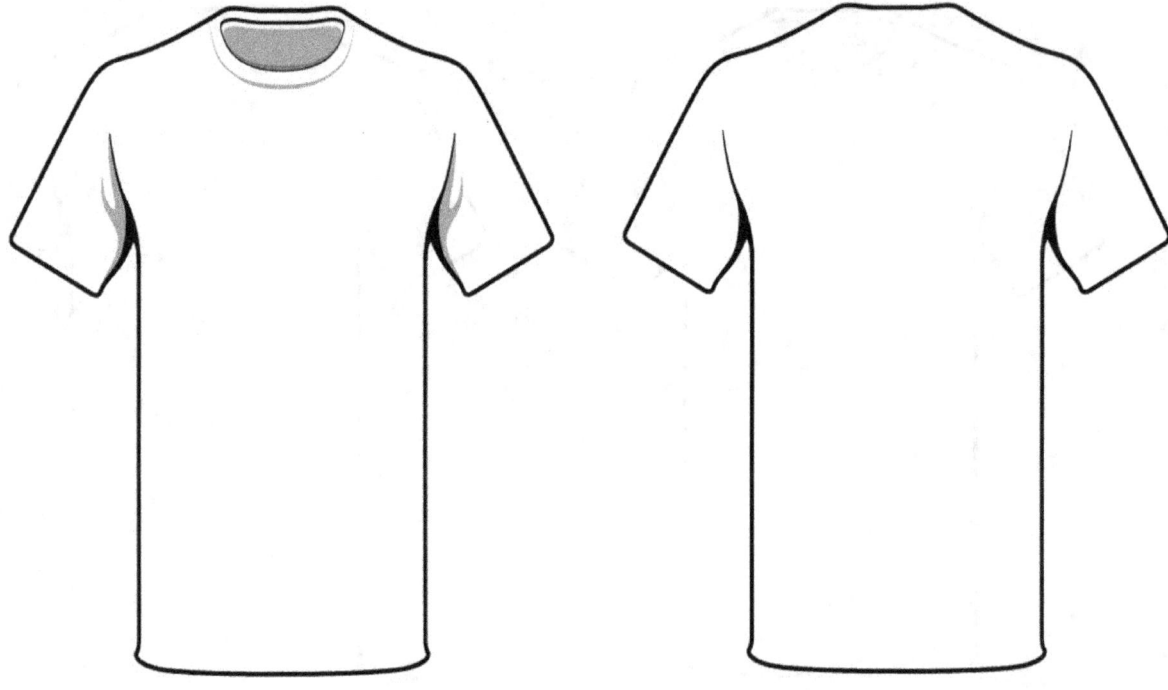

Notes / Keywords:

_____

_____

_____

_____

T-Shirt Idea: _____   Date: _____

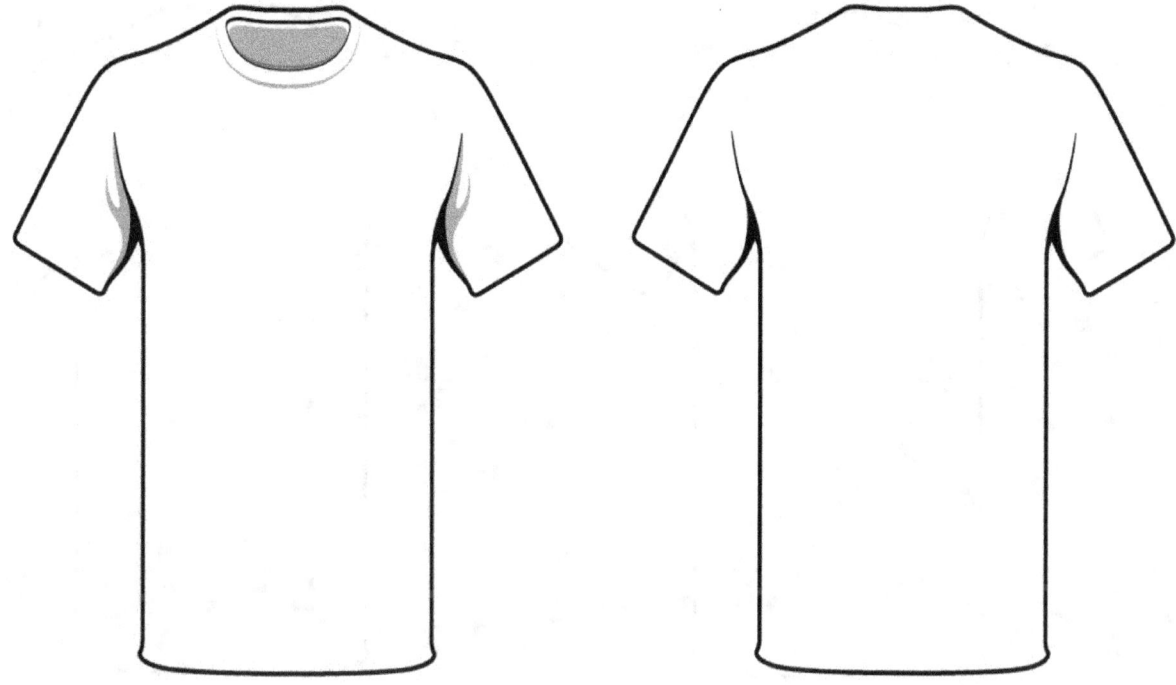

Notes / Keywords:

_____

_____

_____

_____

T-Shirt Idea: _____   Date: _____

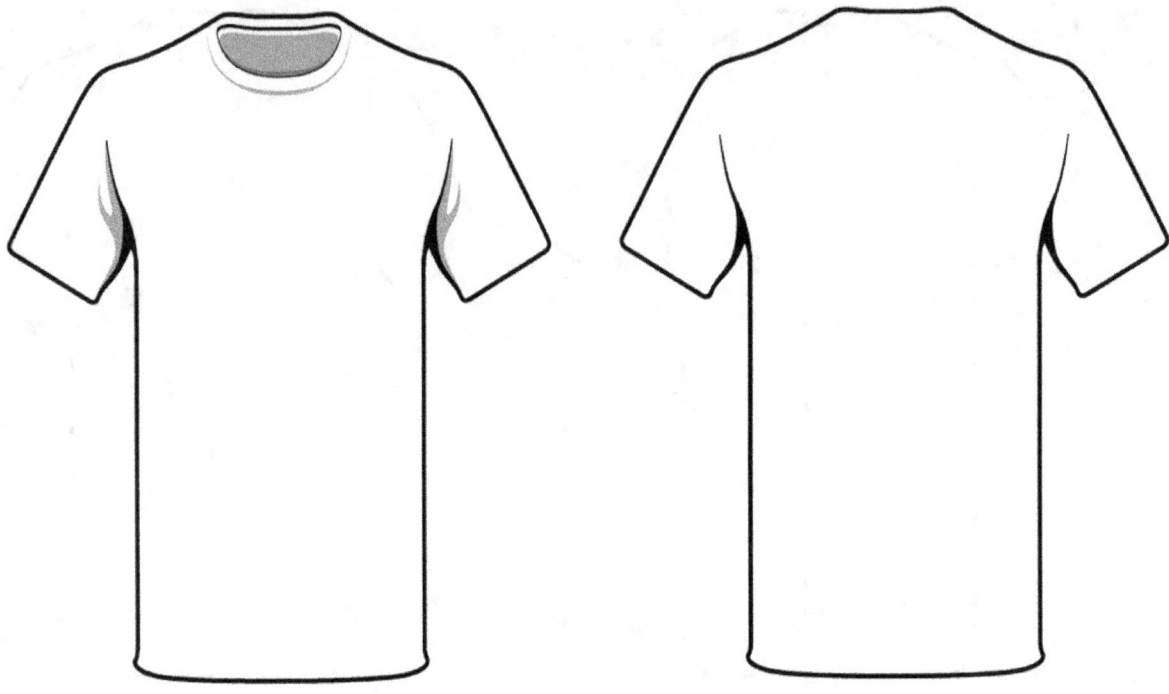

Notes / Keywords:

_____

_____

_____

_____

T-Shirt Idea: _____   Date: _____

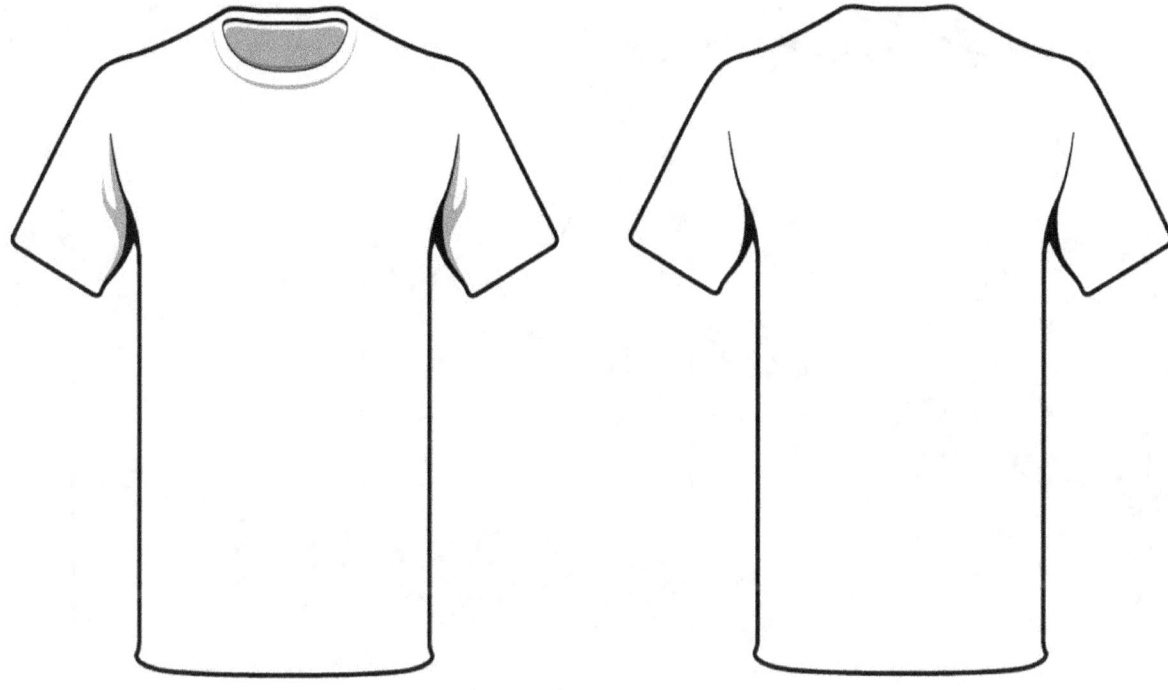

Notes / Keywords:

_____

_____

_____

_____

T-Shirt Idea: _____   Date: _____

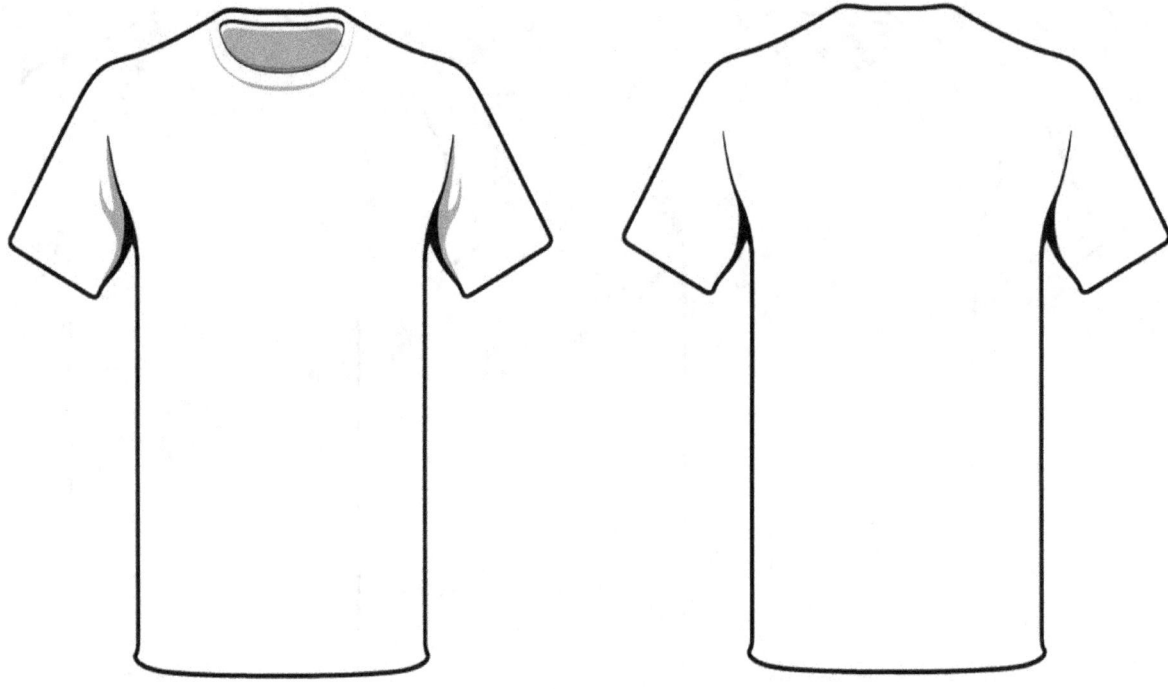

Notes / Keywords:

_____

_____

_____

_____

www.ingramcontent.com/pod-product-compliance
Lightning Source LLC
Chambersburg PA
CBHW081302170526
45165CB00011B/3377